AF509290

A MONSIEUR

Charles ROLLAND

Officier de la Légion d'honneur

Président de la Chambre de Commerce Française

et de l'École Française de Bruxelles

———

Hommage respectueux

G. G.

DANS UN PAYS BILINGUE

Sur la méthode de l'Enseignement des langues vivantes
en Belgique

Quelle est la meilleure méthode pour enseigner les langues vivantes ? Cette question pédagogique a été, pendant ces quinze dernières années, longuement — et quelquefois bruyamment — discutée non seulement dans les milieux universitaires et les revues professionnelles, mais aussi dans tous les journaux, dans toutes les sociétés et même dans tous les salons.

Vers 1900, on s'aperçut en France qu'il devenait de plus en plus nécessaire, que l'on soit commerçant, industriel, homme de sciences ou simplement « un homme cultivé », de connaître une ou plusieurs langues étrangères ; et l'on remarqua en même temps que la méthode appliquée jusqu'alors pour enseigner les langues vivantes avait donné de bien maigres résultats, que la plupart de nos jeunes bacheliers, après avoir passé de nombreuses et laborieuses années à déchiffrer les rébus des grammaires anglaise et allemande, étaient incapables et de prononcer une phrase en langue étrangère et de comprendre les beautés de Gœthe et de Shakespeare

On ne se contenta pas de critiquer et de se plaindre — on agit : les heures attribuées à l'enseignement des langues vivantes furent considérablement augmentées et des sanctions plus sévères au baccalauréat et aux différents examens furent décrétées par le Ministre de l'Instruction publique.

D'un autre côté, on s'en prit à la méthode. Monsieur le Ministre (c'était alors M. Leygues), dans un discours prononcé le 27 février 1904 au banquet de la Société pour la propagation des langues étrangères en France, a exposé en ces termes les raisons qui avaient motivé son intervention personnelle :

« Jusqu'à ces temps derniers, disait-il, le système que nous avons employé ne conduisait à aucun résultat. Je dis : L'enseignement des langues vivantes qui, après six ou sept ans d'études, ne conduit pas l'élève à la connaissance complète de la langue est, il faut le dire, une méthode qui a échoué. L'expérience a été faite et se poursuit autour de nous. Nous-mêmes l'avons faite. J'ai été dans mon temps un brillant élève d'allemand, et la première fois que je suis arrivé en Allemagne, j'ai eu toutes les peines du monde à demander de la bière et à quelle heure partait le train, et je voyais, à côté de moi, mes fillettes, qui n'avaient jamais fait un thème, et qui, à douze ans, parlaient anglais comme si elles étaient nées à Londres. Chacun de nous pouvait faire l'expérience, mais on se payait de mots et on suivait la routine. »

Aussi s'était-on mis à l'œuvre avec enthousiasme : les novateurs, après avoir démoli le chancelant édifice, allèrent, pour le reconstruire, chercher des inspirations et des matériaux chez nos voisins d'Outre-Rhin, chez ce peuple renommé pour son ardeur et son talent à étudier les langues étrangères.

Ces recherches faites en Allemagne aboutirent à la promulgation de la circulaire ministérielle du 15 novembre 1901 et des programmes du 31 mai 1902 : le but de l'enseignement des langues vivantes sera « la possession effective des langues » ; la méthode qui permettra d'atteindre ce but sera « la méthode directe ».

Deux inspecteurs généraux, M. Firmery et M. Hovelaque, furent envoyés « comme des missionnaires » dans toutes les régions de la France, à Nancy, à Bordeaux, et partout où il y a des Universités, pour réunir les professeurs et leur dire : à l'avenir, la méthode sera la méthode directe. » Discours de M. Leygues, 27 février 1904).

Les principes de la méthode directe furent expliqués minutieusement par MM. les Inspecteurs généraux dans de nombreuses conférences. Le 23 octobre 1902, à la Sorbonne, M. Firmery exposait aux professeurs que les élèves devaient avoir la «sensation de posséder un instrument pratique et qui peut leur être réellement utile. Il faut qu'ils puissent se dire que, quelles que soient plus tard les exigences de leur carrière, ils pourront, non pas échapper tout de suite à toutes les hésitations et à toutes les maladresses, mais comprendre et se faire comprendre par la parole et par écrit, et dans tous les cas, lire sans peine aucune le journal ou le livre, auxquels ils demanderont un renseignement ou une distraction.... Il s'agit de transformer des connaissances mortes en une pratique vivante, de substituer à un « savoir » un « pouvoir ».

Puis il entrait dans des explications détaillées du mécanisme de la méthode. Pour donner à l'enfant « l'habitude d'exprimer sa pensée dans la langue étrangère directement, sans l'aide, ou plutôt sans l'obstacle d'une traduction », il faut *« supprimer totalement, dès le début, au début surtout, l'intermédiaire de la langue maternelle »* L'emploi du français ne doit être que très rare : « de temps à autre, quand on se sent impuissant à se faire comprendre en langue étrangère ou simplement quand on veut aller plus vite, on peut parler français ». La *grammaire* doit être apprise par la pratique de la langue et non plus, comme autrefois, la langue par la grammaire ; ce n'est plus par le thème, qui nous oblige à faire des comparaisons constantes avec notre langue maternelle, qu'il faut apprendre les règles grammaticales ; « il suffit de prendre une grammaire composée à l'usage des écoles élémentaires d'Allemagne ou d'Angleterre ; *c'est ici surtout qu'il faut supprimer toute comparaison avec le français.* » Comme l'enseignement doit être presque exclusivement oral, les devoirs devraient être. dans la première période du moins, presque supprimés (**M**. Firmery ne conseillait de les conserver que pour ne pas effaroucher les papas et les mamans), en tous cas ne ressembler en rien aux versions et aux thèmes des anciens temps ; la dissertation en langue étrangère au baccalauréat était le couronnement du nouvel édifice pédagogique.

En un mot, la méthode directe n'est autre que la

méthode qu'applique inconsciemment la mère à l'égard
de son enfant : le professeur ne doit jamais se lasser de
répéter les mêmes mots et les mêmes phrases et de les
faire répéter par ses élèves. Et, conformément à ces principes, les familles françaises ont, depuis 1900, introduit
dans leurs foyers une légion de gouvernantes étrangères,
d'« anges gardiens » qui, s'il faut en croire M. Marcel
Prévost n'ont pas fait qu'y enseigner les langues étrangères

Cette méthode fut diversement accueillie par les professeurs de l'Enseignement secondaire : les uns l'adop-
tèrent avec enthousiasme et la propagèrent par la plume,
par la parole et par l'exemple, d'autres s'y résignèrent,
d'autres enfin ne cachèrent pas leur désapprobation ; tous
d'ailleurs l'ont depuis lors loyalement appliquée, qui avec
une farouche intransigeance, qui avec de légers adou-
cissements.

Aujourd'hui dix ans sont passés depuis l'adoption de la
méthode directe : on a pu, aux différents examens, se
rendre compte de sa valeur et de son efficacité. Mais
l'accord est loin d'être fait à son sujet parmi les membres
de l'enseignement ; si elle compte toujours d'ardents
défenseurs, on ne peut nier que le nombre de ses adver-
saires ne soit au moins aussi grand qu'au début de son ère.

La discussion reste ouverte ; les deux camps cherchent
dans les faits, en France et à l'Étranger, des arguments
pour ou contre la méthode directe. Mon vénéré maître,
M. Henri Lichtenberger, professeur à la Sorbonne, m'a
chargé de rechercher quelle était la méthode employée en
Belgique pour l'enseignement des langues vivantes. « Ce
pays bilingue, me disait-il, doit avoir plus que tout autre
un intérêt vital à étudier cette question ; et je suis certain
que nous retirerions, chez nos voisins et amis belges, de
précieux enseignements. »

Voici les résultats de l'enquête que j'ai entreprise
auprès des Inspecteurs, des Directeurs, des Professeurs
de l'Enseignement Moyen ; tous ont mis, pour me ren-
seigner, un empressement et une amabilité dont je ne
saurais trop les remercier ; ils m'ont communiqué les
circulaires, les livres de classe, les devoirs des élèves, et
m'ont exposé oralement leurs conceptions personnelles et

leurs procédés particuliers pour enseigner les langues vivantes. Je veux donc rapporter le plus impartialement possible ce que j'ai appris au cours de cette enquête, en étudiant d'abord les instructions officielles, en second lieu la composition des livres de classe, et enfin en reproduisant les explications personnelles — qui ne sont pas toujours conformes aux paroles officielles ni d'accord avec les livres officiels — de certains professeurs ou directeurs Je ne me permettrai naturellement ni de les nommer, ni de les blâmer ou de les louer, de même que je n'aurai pas la prétention de conclure pour ou contre la méthode directe, laissant à d'autres plus autorisés que moi le soin de tirer des conséquences de cette étude. J'ajouterai aussi que mon enquête n'a porté que sur les établissements d'enseignement moyen de l'agglomération bruxelloise : c'est à Bruxelles, en effet que le mélange des langues est le plus intime et le plus frappant, c'est dans les établissements bruxellois que la population scolaire est la plus hétérogène sous le rapport de la langue maternelle. Le dernier *Bulletin trimestriel* établi par le bureau de la statistique générale du Ministère de l'Intérieur donne le tableau suivant pour les communes formant l'agglomération bruxelloise au 31 décembre 1910 :

Habitants sans distinction d'âge : parlant le français seulement : 200,866; parlant le flamand seulement : 158,951; parlant l'allemand seulement : 3,556; parlant le français et le flamand : 304,063 ; parlant le français et l'allemand : 13,372; parlant le flamand et l'allemand : 1,054; parlant les trois langues nationales : 16,323; ne parlant aucune des trois langues : 25,172. Total : 720,347.

Bruxelles me paraît donc fournir l'exemple le plus typique de la fusion des langues ; il est à présumer que ceux qui y sont chargés de l'éducation et de l'instruction des jeunes gens doivent être plus autorisés que tous autres à émettre une opinion sur l'enseignement des langues vivantes.

Les Instructions Officielles

La brochure : « *Organisation de l'enseignement des langues germaniques dans les athénées royaux* » publiée par le Ministère de l'Intérieur et de l'Instruction publique (Bruxelles 1905) donne, dans la seconde partie, un exposé sommaire de la méthode.

Le début est le suivant : « La méthode employée dans les athénées royaux pour l'enseignement du *flamand*, de l'*allemand* et de l'*anglais*, en tant que langues étrangères, est la *méthode directe*, c'est-à-dire que dans chaque cours on se sert de la langue enseignée comme langue véhiculaire » (page 15)

A la même date, le même Ministre publiait une brochure sur les programmes et méthodes des études dans les écoles moyennes de l'État. A la page 66, on lit : « Le professeur se sert, autant que possible, de la langue étrangère qu'il enseigne, dans tous les exercices qui s'y rapportent : il fait parler, corriger, rectifier, redire sans cesse... Les exercices oraux, variés et fort nombreux, sont donc faits, autant que possible, par la méthode dite directe. »

La même idée est exprimée dans le programme d'enseignement des sections préparatoire et moyenne des écoles moyennes pour garçons de la ville de Bruxelles (1909). (Ne pas oublier que ces écoles moyennes, comme nos lycées et collèges, ont des classes primaires et que l'étude de la seconde langue — français pour les enfants dont la langue maternelle est le flamand, flamand pour

pour ceux dont la langue maternelle est le français — commence dès la première année d'études.) La méthode à employer pour l'enseignement de la seconde langue - français ou flamand, selon le cas, — est ainsi définie (page 12) : « L'enseignement de la seconde langue doit être donné par la méthode naturelle ou directe. C'est celle qui consiste à enseigner une langue étrangère sans avoir recours à la traduction, si ce n'est exceptionnellement et en établissant une association intime et directe entre les mots et les idées.... Pour enseigner la seconde langue, on procèdera autant que possible par la meilleure des méthodes, qui est celle que la mère emploie instinctivement quand elle apprend à parler à ses enfants. C'est la méthode qui est appliquée aux enfants qu'on envoie en pays étranger et par laquelle ils apprennent rapidement une langue dont ils n'avaient aucune notion préalable »

Le but poursuivi par l'étude d'une langue doit être double : elle doit, comme toutes les autres matières enseignées, contribuer à la culture générale des esprits et elle doit viser à un résultat pratique. « Le but à atteindre est, indépendamment d'une culture formelle à laquelle cette branche du programme doit contribuer avec toutes les autres, une connaissance suffisante de l'idiome étranger, non seulement pour le lire sans effort et en goûter la littérature, mais encore pour le parler et l'écrire sans trop grande dificulté. » (Programme des athénées, p. 15 .

Les moyens à employer pour atteindre ce but sont minutieusement expliqués : former d'abord l'oreille et les organes vocaux, puis passer à la lecture et à l'écriture, pour arriver à la littérature et à l'histoire de la civilisation

« Afin de réaliser ces desiderata, il est recommandé aux professeurs de consacrer d'abord un certain nombre de leçons à la formation de l'oreille et des organes vocaux et de s'inspirer du procédé que la mère a suivi instinctivement pour communiquer à son enfant l'usage non raisonné de la langue maternelle, c'est-à-dire, de s'appuyer autant que possible sur l'intuition.

« Cette intuition est d'abord directe (la classe et tout

ce qu'elle contient), ensuite indirecte (tableaux, images, gravures, etc.) Dès la première leçon, le professeur apprend aux élèves non seulement les noms de quelques objets qu'il leur a montrés, mais aussi les noms de certaines propriétés concrètes de ces objets, et il forme au moyen de ces éléments de petites phrases pouvant servir de base à des exercices de conversation...

« Aussitôt que la prononciation est suffisamment fixée pour qu'elle ne puisse plus être influencée par la représentation visible des mots, alors commence le rôle de la lecture et de l'écriture,

« Ces deux exercices ne seront tout d'abord que la reproduction pure et simple de ce qui a été appris jusqu'ici sous une forme exclusivement orale. A partir de ce moment, la formation du vocabulaire peut s'appuyer à la fois sur l'intuition et sur le livre de lecture ; mais pour que les deux procédés puissent se combiner, il faudra nécessairement choisir comme exercices de lecture des morceaux simples du genre descriptif, dont les principaux éléments (noms, adjectifs, verbes, prépositions), se retrouvent dans les tableaux mis à la disposition du professeur.

« Chaque leçon se compose des parties suivantes :

1° Exercice d'intuition ayant pour but d'élucider oralement le morceau à lire et à expliquer ;

2° Lecture du morceau par le professeur, chaque phrase étant reproduite à livre fermé par plusieurs élèves ;

3° Lecture du morceau par les élèves ;

4° Exercice de conversation sur le morceau de lecture, afin de s'assurer s'il a été compris ;

5° Reproduction à livre fermé et résumé du morceau de lecture ;

6° A titre d'application, réponse par écrit à quelques questions sur le morceau qui a été lu et expliqué. .

« En troisième des humanités modernes et anciennes, le programme prescrit l'explication de morceaux choisis des principaux auteurs du XIXe siècle et la reproduction orale de lectures faites à domicile sur l'indication du professeur ; en seconde, les notions indispensables de la métrique; l'explication de morceaux choisis et d'une œuvre complète en prose des principaux auteurs du XIXe siècle (pour le flamand) des XVIIIe et XIXe siècles (pour l'allemand), des notions biographiques et littéraires sur les auteurs expliqués, des reproductions orales et comptes-rendus oraux de lectures faites à domicile; en rhétorique, l'explication d'un chef d'œuvre en vers, des notices biographiques et littéraires sur les auteurs expliqués…

« Les devoirs écrits sont :

1° Pour les classes inférieures, des dictées, reproduisant surtout des morceaux lus et interprétés en classe, des permutations de genre, de nombre, de personne, de temps et de mode, la réponse à des questions faites soit sur les tableaux, soit sur les morceaux de lecture, *des thèmes faciles en vue de l'application systématique des règles de la grammaire;*

2° Dans les classes moyennes, la description soit d'un tableau étudié ou d'nne partie de ce tableau, le résumé de lectures faites à domicile, enfin des exercices libres, des rédactions (fables, narrations, lettres, descriptions);

3° Dans les classes supérieures, des descriptions et des narrations d'un ordre plus élevé et des dissertations. » (Programme des athénées, pages 15, 16, 17, 18).

Ces conseils donnés aux professeurs de langues vivantes sont répétés sous une forme peu différente dans les programmes des écoles moyennes de l'État et de la ville de Bruxelles. Il faut reconnaître que, sauf le membre de phrase (des thèmes faciles en vue de l'application systématique des règles de la grammaire), ces conseils seraient approuvés par tout partisan de la méthode directe et que l'on retrouverait presque les mêmes expressions sous la plume de M. Firmery et de M. Hovelaque.

De plus, certaines restrictions apportées par les instructions ministérielles à l'exclusivité de la méthode directe ne seraient pas désapprouvées par nos inspecteurs qui ont admis la version. La formule « autant que possible » accompagne toujours : « emploi de la langue étrangère ». Le programme des athénées ajoute même : « Mais la méthode directe ne proscrit pas d'une façon absolue l'intervention de la langue maternelle, ni des exercices de traduction, et ne se borne pas non plus à l'étude de la langue parlée. » (p. 15).

L'étude de la grammaire paraît moins conforme aux idées de M. Firmery celui-ci disait : « c'est ici surtout qu'il faut supprimer toute comparaison avec le français. »

Voici à ce sujet ce que dit le programme des athénées : « Durant les deux premières périodes, l'élève aura acquis inconsciemment un certain nombre de connaissances grammaticales qu'il s'agit désormais de classer et de formuler d'une façon très simple, afin qu'ici encore la langue enseignée puisse servir de langue véhiculaire; pour que cela soit possible, il y aura lieu de fournir graduellement aux élèves le vocabulaire grammatical indispensable. Quoique l'enseignement occasionnel puisse avoir son utilité pour l'explication de certains faits gramticaux rencontrés dans les morceaux de lecture, il faut néanmoins donner le pas à l'enseignement systématique, qui seul est en état de donner une connaissance complète et durable de la grammaire, s'il est appuyé, bien entendu, par de nombreux exercices d'application. » (Page 17).

Le programme pour les écoles moyennes de l'État est beaucoup plus catégorique : « Dans l'étude de la grammaire proprement dite, dont le nombre de règles est réduit au strict nécessaire, la théorie et l'application marchent de pair. Le professeur *insiste spécialement sur les différences entre la grammaire de la langue maternelle et celles des langues étrangères*; il compare fréquemment les langues germaniques entre elles, de manière à en faire voir les ressemblances, les analogies, et à mieux fixer dans la mémoire les notions étudiées. » (Page 67).

Et, pour montrer avec quel soin minutieux les autorités s'occupent des questions d'enseignement et quel intérêt elles prennent à la grammaire, je ne résiste pas au plaisir de citer le début d'une brochure publiée en 1912 par la ville de Bruxelles : Programme des cours de langues anglaise et allemande pour adultes

LANGUE ALLEMANDE

Le professeur s'en tiendra exclusivement aux notions pratiques de la grammaire. La méthode concentrique offrant le plus d'avantages, il enseignera en première année les notions les plus simples pour les développer ensuite plus en détail, en 2ᵐᵉ et 3ᵐᵒ années.

1. Le substantif. — Le genre et la formation du pluriel ne s'apprennent que par l'usage.

Déclinaison forte : Des Vaters.

Déclinaison faible : Des Menschen.

2. Déclinaison.

a) Du substantif précédé de l'article défini . . . .

b) Du substantif précédé de l'article indéfini . . . .

c) Du substantif précédé de l'adjectif possessif . . . .

d) Du substantif précédé de l'adjectif démonstratif . . . .

e) Du substantif précédé de l'adjectif qualificatif. . . . .

Ces déclinaisons doivent être bien étudiées en 1ʳᵉ année, afin de pouvoir servir de base de comparaison dans tous les autres cas de déclinaison.

3. Le pronom personnel.

Nominatif, datif, accusatif. . . . .

L'emploi du génitif (occasionnellement) etc (16 paragraphes de grammaire).

	A enseigner en		
	1ʳᵉ année d'études	2ᵉ année	3ᵉ année
Le genre et la formation du pluriel	1	2	3
Déclinaison faible : Des Menschen		2	3
a) Du substantif précédé de l'article défini	1	2	3
b) Du substantif précédé de l'article indéfini	1		
c) Du substantif précédé de l'adjectif possessif	1		
d) Du substantif précédé de l'adjectif démonstratif	1		
e) Du substantif précédé de l'adjectif qualificatif	1		
Nominatif, datif, accusatif	1		
L'emploi du génitif		2	3

Si l'on examine maintenant, à côté des instructions données pour la méthode, celles relatives au programme des langues germaniques dans les athénées royaux (une, deux ou trois langues obligatoires, flamand, allemand, anglais, selon qu'il s'agit de la division commerciale et industrielle, de la division scientifique ou de la section des humanités grecques-latines), on peut se demander s'il n'y a pas quelquefois contradiction entre les principes de la méthode et les devoirs indiqués.

Voici en effet ce programme :

Humanités grecques-latines. (Langue obligatoire : flamand ou allemand).

Sixième : Dictées. Versions. Thèmes

Cinquième : Dictées. Versions. Thèmes.

Quatrième : Dictées. Versions. Thèmes.

Troisième : Versions. Thèmes. Exercices de rédaction·

Seconde : Versions. Thèmes. Rédactions.

Rhétorique : Versions. Thèmes. Rédactions.

Mêmes indications pour la seconde langue (non obligatoire : allemand ou flamand dans la région wallonne, allemand ou anglais dans la région flamande.

Humanités modernes. (1re langue obligatoire : flamand ou allemand).

Septième : Dictées. Versions. Thèmes.

Sixième : Dictées. Versions. Thèmes.

Cinquième : Dictées. Versions. Thèmes.

Quatrième : Versions. Thèmes. Rédactions

Troisième : Versions. Thèmes. Rédactions.

Seconde : Versions. Thèmes. Rédactions.

Rhétorique : Versions. Thèmes. Rédactions.

De nouveau, les mêmes indications sont données pour la seconde langue (obligatoire).

Il en est de même pour les « Écoles Moyennes de l'État » (p. 16 sq.). Seconde langue obligatoire.

Écoles des localités wallonnes : langue flamande ou allemande.

Écoles des localités flamandes|ou allemandes : *langue française*.

1re année : Dictées. Versions et thèmes bien choisis et employés avec mesure. Exercices de rédaction.

2e année : Dictées. Versions et thèmes bien choisis. Exercices de rédactions.

3e année : Versions et thèmes bien choisis. Exercices de rédactions : narrations, petites descriptions, lettres de commerce.

Et les mêmes exercices sont indiqués pour la troisième langue.

La ville de Bruxelles donne des conseils identiques à ses professeurs. (p. 43 sq.)

Langue Flamande.

1ʳᵉ année : Versions. Exercices de rédaction.
2ᵉ   »   : Versions. Exercices de rédaction.
3ᵉ   »   : Versions et thèmes bien choisis. Rédactions.
4ᵉ   »   : Thèmes et versions. Rédactions.

Langue Allemande ou Anglaise.

1ʳᵉ année : Petites rédactions.
2ᵉ   »   Versions Petites rédactions.
3ᵉ   »   Versions et thèmes. Rédactions.
4ᵉ   »   Thèmes et versions. Correspondance commerciale.

Si l'on ajoute que, pour l'entrée à l'Université, les candidats qui ne possèdent pas le certificat d'humanités sont obligés de subir une épreuve comprenant « la traduction d'un auteur flamand, allemand ou anglais », il sera permis de penser qu'il doit être assez difficile à un professeur de rester fidèle aux principes de la méthode directe et de réprimer le plus possible toute velléité de traduction.

C'est pourquoi je veux rechercher si les livres dont se servent les professeurs de l'Enseignement moyen sont conformes aux préceptes de la méthode directe.

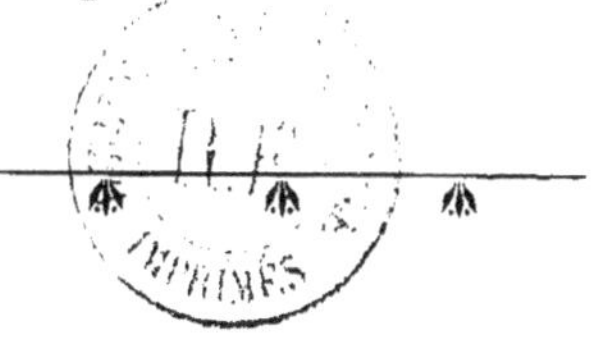

Les Livres de Classe

Les auteurs de ces livres, même quand ils n'étaient pas très partisans de la méthode directe, ont fait tout leur possible pour se conformer à la doctrine officielle; ils n'étaient pas toujours guidés par des raisons pédagogiques ni par le désir-légitime de ne pas mécontenter leurs supérieurs, mais quelquefois par des raisons purement commerciales, désireux que leurs livres fussent autorisés (pour une période de quatre années) par le gouvernement. Certains d'entre eux ne m'ont pas caché leurs intentions, qu'il est d'ailleurs facile de retrouver dans leurs préfaces, ou en comparant les différentes éditions de leurs ouvrages.

La plupart des établissements me semblent utiliser une collection de livres très variés d'esprit et d'inspiration. On y rencontre les volumes édités chez Didier, on y trouve une littérature allemande publiée par un recteur de Koenigsberg, les livres de MM. Meneau et Wolfroum, des œuvres de H G Wells dans l'édition Tauchnitz, des ballades de Schiller, des contes de Grimm, des drames de Gœthe, des pièces de Shakespeare, à côté de recueils d'autographes et de lettres commerciales ou de *Die Deutsche Zeitung* et de *The English Journal.*

Mais les seuls livres intéressants pour nous sont ceux qui ont été composés spécialement par des professeurs belges. Je veux donc me contenter de rechercher dans les plus importants et les plus employés d'entre eux et — peut-être surtout — dans les préfaces comment ces professeurs comprennent l'enseignement des langues vivantes.

Je commencerai par le livre de M. O. Fiedler, professeur d'allemand et d'anglais aux Écoles Moyennes de Bruxelles et St-Josse-ten-Noode (*Deutsches Lehr- und Lesebuch*). Le livre de M. Fiedler, professeur depuis de nombreuses années, de nationalité allemande et d'une très grande amabilité — a été autorisé pour les athénées royaux et les Écoles moyennes de l'État sur la proposition du Conseil de perfectionnement de l'instruction moyenne (8ᵉ édition 1909).

Ce livre commence par une quinzaine de pages de modèles d'écriture (minuscules et majuscules) et d'exercices de lecture. Il est composé de quatre parties :

I. — Généralités. — 83 chapitres contenant de petits récits sur la santé, le temps, la patrie, la capitale de la Belgique, le jardin, la maison, la cuisinière, le dîner, la parenté, de petites fables, les animaux, l'école, les noms de nombres, l'heure, les saisons, les voyages, la Belgique, la Hollande, Paris, la Suisse, le tout entremêlé de 16 dialogues et d'une vingtaine de poésies.

II. — L'Allemagne. *a)* Un peu de géographie : Le pays Allemand, le Rhin, le Harz, la Baltique, la Saxe, Nuremberg, Krupp. *b)* Un peu d'histoire : les premiers habitants de l'Allemagne, Barberousse, les villes du moyen-âge, les Habsbourg et la Suisse, la guerre de trente ans, les Hohenzollern et l'empire actuel. *c)* Un peu de mythologie : les divinités germaniques, l'Edda, Siegfried, Kriemhild, le docteur Faust, Rübezahl, la Lorelei. *d)* Un peu d'histoire de la littérature : un aperçu général.

III. — Tableau récapitulatif de la grammaire : déclinaisons, conjugaisons, syntaxe, formation des mots.

IV. — Exercices de conversation (par demandes et réponses) se rapportant aux six tableaux de Hölzel : Le printemps, l'été, la maison, la ville, l'automne et l'hiver. Chaque paragraphe de cette dernière partie est précédé d'une liste de mots dans laquelle l'auteur indique le singulier et le pluriel.

Si l'on parcourt le livre de M. Fiedler, on n'y trouve que deux mots français à la page 141, où est expliquée la façon de traduire « que » (il y en a 7) et celle de traduire « en » (ou le flamand « er »). Je ne pense pas que ce léger accroc serait suffisant pour faire rejeter ce livre par un apôtre de la méthode directe.

Cependant il n'est pas possible de passer sous silence que les éditions précédentes contenaient une autre partie aujourd'hui supprimée avec — *horresco referens* — des textes de thèmes. Voici d'autre part comment l'auteur, dans une préface à la quatrième partie, explique de quelle façon il comprend les exercices de conversation. 1° Les élèves doivent prendre une liste de mots (en réalité avec traduction française) dans un cahier spécial;

2° Le professeur fait avec ces mots des exercices de prononciation ; 3° Au fur et à mesure des exercices de prononciation, il trouve l'occasion de donner la signification des mots, soit à l'aide du tableau, soit d'autre manière ; 4° Après s'être assuré que tous les mots sont bien écrits et bien compris, il prend oralement les exercices contenus dans le livre (pas trop à la fois), pendant que celui des élèves reste fermé ; 5° Les livres sont ouverts, un élève relit la question, un autre la réponse. A partir du chapitre VI, les élèves doivent être assez forts pour trouver des réponses aux questions de la troisième partie. Des explications grammaticales doivent être données au fur et à mesure pour les mots imprimés en caractères gras à l'aide de l'aperçu grammatical qui précède

Si le livre de M. Fiedler se présente avec une physionomie acceptable, même agréable pour un partisan de la méthode directe, il n'en est pas de même, je crois, du livre de M. Paul Scharff : Cours complet de langue allemande avec un choix de morceaux de lecture par Paul Scharff, docteur en philologie germanique, professeur à l'athénée royal de Liége (Lebègue : Bruxelles, 2ᵐᵉ édition 1908).

L'introduction contient des explications en français de la prononciation des voyelles et des consonnes, de l'accentuation, de la séparation des syllabes, de l'orthographie et de l'écriture allemande.

Viennent alors les chapitres habituels sur l'école, la maison, la famille, etc. Chaque chapitre se compose de deux parties : *une série de mots avec traduction française*, un sujet d'exercices par questions et réponses en langue allemande. Il suffit de voir le début du premier chapitre pour se rendre compte du procédé.

DIE SCHULE

I. — *der, die, das*   le, la
die Bank   le banc
das Heft   le cahier

II. — Ubung : *Was ist das ? Das ist die Feder. Und das ? Das ist die Bank, das Buch, das Heft.*

Puis ce sont des *morceaux de lecture avec notes en français* à la fin de chacun d'eux.

La dernière partie consiste en *textes de thèmes avec notes en allemand*. Les n°ˢ 1 à 33 sont des phrases détachées, les n°ˢ 33 à 49 sont formés de récits, de descriptions, d'anecdotes. Voici le commencement du premier texte :

« La mère est vieille; elle est malade. La fille est jeune; elle est bien portante. Un enfant est jeune et petit. Etes-vous riche ? Non, je suis pauvre. Sont-ils vieux ? Oui, ils sont vieux. Sont-elles vieilles ? Non, elles sont jeunes...

Enfin, quelques sujets de dissertations terminent le volume.

A côté de cela, la préface des deux éditions est pour nous des plus instructives. M. Paul Scharff annonce qu'il n'est pas de ceux qui « sont tentés de sacrifier trop à la théorie, n'ayant en vue que la gymnastique de l'esprit, l'harmonieux développement de toutes ses facultés », ni de ceux qui « s'imaginent qu'il suffit de bourrer la tête de l'élève d'un nombre plus ou moins considérable de mots et de le dresser à soutenir avec plus ou moins d'efforts et de succès une conversation quelconque sur un sujet banal. »

La vérité lui paraît être dans un juste milieu. « Quant à nous, nous pensons qu'une sage combinaison des deux systèmes peut seule conduire à de bons résultats, justifiant l'ancien dicton : *in medio virtus.* »

Son intention est de « provoquer au plus tôt chez l'élève l'effort personnel », de l'amener à la connaissance de la langue par tous les moyens : tableaux, morceaux de lecture, conversations, dictées, thèmes. « *Ces divers exercices doivent* d'ailleurs *être menés de front.* L'élève *apprendra simultanément à comprendre, à parler, à lire et à écrire.* »

Dans la préface de la seconde édition, M. P. Scharff fait remarquer que la méthode directe « a contribué à donner à l'étude des langues une vive impulsion et que trop absolue dans le principe et trop exclusive, elle a été vivement combattue dans ses excès. »

Il n'a mis en pratique que « les principes dont l'efficacité lui semble hors conteste » : procédés directs et intuitifs (ambiance, tableaux muraux, cartes, vues, illustrations), méthode concentrique pour la partie grammaticale, groupement par ordre logique (sens des mots) et par dérivation (thèmes et radicaux) pour l'acquisition du vocabulaire usuel, gradation méthodique des lectures se rapportant de préférence aux objets tombant sous l'observation directe des jeunes gens.

Quant aux thèmes, il ajoute : « Les thèmes (grammaticaux, imitatifs, textes suivis) ont été placés à la fin du livre. L'utilité de ce genre d'exercices pratiques a été mise en doute par les uns, prônée par les autres. Nous sommes partisan d'un emploi judicieux de thèmes, mais nous désirons laisser aux professeurs la plus grande liberté. Le nombre de ces exercices de traduction pourra être augmenté à volonté (dictées, livres de lectures françaises).

Sa véritable opinion au sujet de la méthode est résumée d'une façon très caractéristique au début de la préface de la première édition :

La méthode *« ne saurait être identique pour tous*, mais est soumise aux contingences de l'âge, du milieu, de la nationalité. La langue allemande doit s'enseigner différemment aux élèves flamands et aux élèves wallons. Chez les uns, on peut se baser sur la similitude des deux langues germaniques, chez les autres, c'est une longue et patiente initiation. »

Les livres d'anglais paraissent témoigner du même éclectisme dans le choix fait par les différents établissements. A côté de nos livres modernes edités par des maisons françaises, on trouve des manuels rédigés par les professeurs belges.

Celui de M. Edg. Lannoye : *English Class Book for beginners.* (Gand, 2ᵉ édition 1910) est presqu'entièrement écrit en anglais. On est même un peu étonné de trouver à la page 9.

PROGRESSIVE FORM.

To learn.	*I am learning.*	Je suis occupé à apprendre. *Ik ben bezig met leeren.*
To write.	*I am writing.*	Je suis occupé à écrire. *Ik ben bezig met schrijven.*

Learning is the participle present (participe présent, *tegenwoordig deelwoord*).

Le livre de M. Th. HEGENER : *English Primer and first reading book* par M. Th. HEGENER, professeur d'athénée et à l'École de Guerre (5e édition) comprend une première partie exclusivement réservée aux exercices d'épellation et de prononciation.

Le premier chapitre traite des voyelles longues. Le professeur prononce et l'élève imite. On y trouve des indications de ce genre :

Comparaisons : *h* indique la forte aspiration (comme en allemand) *ph* = *f* (comme en français); *sh* = *ch* français, *sch* allemand.

Prononciation approximative des voyelles longues :

En anglais, les lettres *a   e   i* ou *y   o   u* se prononcent à peu près comme : *e   î   aï   o   iou* en français.

Le premier exercice de dictée est le suivant : *fa, pe, my* ou *mi, no, cu* ou *ku, ke, so, se* ou *ce, fly* ou *fli, go be, me, sky* ou *ski, vo, fo, sy* ou *si* ou *ci* ou *cy, ga, ka, sty* ou *sti, sta*, etc.

Les différents chapitres de cette première partie sont ensuite : 2. Voyelles brèves. 3. L'*e* final muet. 4. Remarques sur quelques consonnes. 5. L'alphabet. 6. Mots de plus d'une syllabe. 7. Voyelles longues dans quelques cas particuliers. 8. Prononciation modifiée des voyelles. 9. Digraphes et diphtongues. 10. Lettres muettes. 11. Remarques additionnelles sur quelques consonnes. A). Les deux prononciations de *th*. B) *s*, Prononciation forte ou faible. 12. Préfixes et suffixes. A) Accent tonique. B) Voyelles longues dans des syllabes non accentuées. 13. Terminaisons aspirées.

Dans la préface, M. Hegener indique la manière de procéder : « Les livres restent d'abord fermés. Le professeur prononce un mot et le fait répéter jusqu'à ce qu'il obtienne une prononciation parfaitement correcte. Il l'écrit alors au tableau et fait remarquer la valeur phonétique de chaque lettre. Il peut être utile de procéder de la même manière avec quelques autres mots du groupe. Alors seulement les élèves ouvrent le livre et lisent tous les mots du groupe, ce qu'ils ne manqueront pas de faire correctement en suivant l'analogie de ce qu'ils viennent d'entendre et de voir. Cet exercice de lecture sera suivi d'une dictée : exercice d'écriture. Le professeur dit un mot, le fait répéter, et les élèves l'écrivent, tels qu'ils l'ont vu écrit, ou guidés par l'analogie. »

La deuxième partie contient 48 morceaux de lecture et 26 poésies. Le premier morceau est intitulé : *Une Promenade au Printemps* et a une longueur d'une page et demie. A la fin de cette seconde partie, se trouvent trois pages et demie de notes rédigées, en deux colonnes de la façon suivante :

a   un. une, art indéf.
walk   promenade (*to walk*, marcher.
sp ing   ressort, source, printemps (*to spring*, sauter, jaillir, pousser).
this   adj. ce, cette.... ci; pron. dém. ceci.
is   est.
beautiful beau (de *beauty*, beauté et *full*, plein).

Ces notes se terminent par une récapitulation grammaticale :

« .1. A) L'article indéfini *a* (devant une voyelle *an*) disparaît au pluriel (*fr des*).

B) L'article défini *the* ne distingue ni le genre ni le nombre.....

N. B. — Après chaque morceau, les règles de grammaire qu'on a pu formuler au moyen de l'analyse du texte, devraient être résumées ainsi et inscrites dans le cahier par les élèves. »

De temps à autre, on rencontre dans ces notes des comparaisons avec l'allemand et le flamand. Ainsi, page 138 :

« W*ith*, avec, de (Faites attention aux verbes qui demandent *with* pour traduire de ; vous remarquerez que ce sont les mêmes qui prennent *mit* en allemand, *met* en en flamand). »

A la fin du livre se trouvent 19 textes de thèmes d'imitation se rapportant aux textes de lecture, paraphrases des morceaux anglais lus et accompagnés de nombreuses notes pour la traduction. (Il existe d'ailleurs une édition flamande du livre de M. Hegener, faite d'après les mêmes principes et sur le même modèle par M. Alb. Bielen, professeur à l'Athénée royal d'Anvers).

M. Hegener explique minutieusement dans sa préface comment il faut se servir de la seconde partie de son livre.

« Les morceaux de lecture sont soigneusement gradués quant à la difficulté. Les premiers, composés *ad hoc*, évitent tout ce qui ne s'expliquerait pas facilement par une traduction mot à mot... Nous commençons ordinairement la lecture des morceaux déjà après la leçon IX du cours préparatoire, le faisant marcher de front avec ce qui reste de la pre·ière partie. »

Les explications placées à la fin du livre doivent servir pour la répétition à domicile

« Lorsqu'un passage ou un petit morceau aura été traité de la manière indiquée, les élèves, à domicile, le traduiront en un français correct et d'après cette traduction, à la prochaine leçon, ils rétabliront le texte anglais, de vive voix et par écrit. Après cette *rétro-version*, ou même à côté d'elle, on fait d'autres exercices, modifiant l'expression, changeant le nombre, la personne, le temps, la voix, etc., ou bien, avec les éléments (mots et formes) connus, on forme d'autres phrases. Bientôt, les élèves, aidés par les questions et suggestions du professeur, sauront reproduire de mémoire et plus librement ce qu'ils ont lu. Ou bien encore, on fait traduire en anglais une paraphrase qu'on donne en français On trouvera à la fin du livre un certain nombre de ces paraphrases ou *thèmes d'imitation*; le professeur en composera d'autres. »

La petite grammaire anglaise de MM. Joh. C. Kesler et Paul Burvenich, docteur en philologie, professeur à l'athénée de St-Gilles-Bruxelles (*Little English Grammar for beginners*) a l'intention de « faire ressortir qu'en comparant l'anglais à nos deux langnes nationales, l'élève arrive à trouver et à formuler en anglais de simples règles, d'une utilité vraiment pratique (Avant Propos).

Pour la prononciation, elle donne : certaines comparaisons avec le français : *ea* : *learn* (fleur); *ou* : *favour, famous, country* (fleur);... la représentation figurée pour certaines irrégularités (p. 13) *ague* (*eghiou*) colonel (*keurnel*), *victuals* (*vittelz*), *people* (*pîpl'*), *women* (*wimen*)... etc.

Elle donne la traduction d'expression : faire faire (p. 39), *may* — il est possible que (p. 41), *must* — falloir — *moeten* (p. 42), des verbes réfléchis français non réfléchis en anglais (p. 43), des expressions idiomatiques, des verbes impersonnels (p. 44), et compare avec le français et le flamand une série de suffixes et de préfixes (p. 62 et 63).

M. Arthur Burvenich, professeur de langues germaniques à l'athénée royal de Bruxelles, dans la préface de la 4e édition de son livre : *English Grammar and exercise-book for beginners* (Lebègue-Bruxelles) expose les changements notables qu'il a apportés à la nouvelle édition.

« Les règles sont données en anglais par un procédé de traduction graduelle des termes nouveaux. Le thème est proscrit pour faire place à des exercices de conversation, des rétroversions et exercices à combinaisons variées.

« Le principe de la méthode directe ainsi consacré force l'élève à se pénétrer du texte, lui apprend à penser et à formuler sa pensée dans la langue étrangère.

« Dégagé ainsi de toute préoccupation de la langue véhiculaire, nous avons mené de front les traductions néerlandaise et française des mots et des termes inconnus. Ce système offre l'avantage de présenter fréquemment des éléments de comparaison très heureux. Le manuel devient ainsi utilisable tant en wallonnie qu'en pays flamand. »

Le premier chapitre est consacré à la prononciation ; conformément aux principes énoncés dans la préface, il se présente sous la forme suivante :

ON PRONUNCIATION

General rules (regels - règles).

A. *The alphabet.* 1° *Vowels* (*klinkers*-voyelles) : *a-e-i, y-o-u.* *Vowels are* (*zijn* - sont) long *or* (*of*-ou) *short* (*kort*-courtes).

Le second chapitre comprend d'abord une partie de vocabulaire ainsi disposée.

Grammar — Vocabulary — Sentences
(Spraakleer, grammaire - Woordenschat, vocabulaire - Zinbouw, phrases)

FIRST LESSON.

Grammar : *to be* (*zijn*, être) — *to have* (*hebben*, avoir).
Vocabulary : *the school* (*de school*, l'école).

The room, de Kamer, la pièce.   *The book, boek*, livre.
  » *School-room, klas*, classe.   » *pen, pen* plume.
  » *mást(e)r, meester*, maître
. . . .
                     a, een, eene - un, une.
                     the, de, de, het - le, la, les

Au bas de la page, la conjugaison du Présent et de l'Imparfait *de to be.*

Conjugation (*vervoeging*, conjugaison) *of the verb : to be.*
Primitive tenses (*hoofdtijden*, temps primitifs)...

A la page suivante, la suite du vocabulaire (adjectif, adverbes, prépositions avec traductions flamande et française), puis un morceau de lecture *(Read, leest, lisez)* formé de petites phases entièrement en anglais pour l'application du présent et de l'imparfait *de to be* et de *to have.*

Le chapitre se termine par : *Exercises* (*oefeningen*, exercices) qui sont les suivants : 1° *Answer the following questions* (*antwoordt op de volgende vragen* — répondez aux questions suivantes)... 2° Complete (*vult... aan*, complétez).

Les 27 leçons de ce chapitre (école, famille, jardin, saisons, animaux, vêtements, ville... etc.) sont tous composés sur le même modèle, si ce n'est que les mots déjà traduits une fois ne le sont plus dans les chapitres suivants Enfin, le livre se termine par un appendice grammatical où l'on retrouve les mêmes procédés.

Cet examen détaillé des principaux livres utilisés dans les différents établissements de l'agglomération bruxelloise nous permet, il semble, de saisir sur le vif la méthode employée par nos collègues belges pour l'enseignement des langues vivantes. Cependant nul n'ignore qu'il y a souvent loin de la théorie à la pratique et que bien des principes sont oubliés par l'ouvrier, quand il est mis au pied du mur. C'est pourquoi je me suis efforcé de recueillir l'avis de personnes autorisées, inspecteurs, directeurs, professeurs, et d'obtenir sur quelques points certaines précisions.

Quelques Opinions

Je veux reproduire le plus fidèlement possible les explications qui m'ont été données, sans me permettre, malgré mes sympathies ou mes antipathies personnelles, d'approuver ou de désapprouver, et en insistant particulièrement sur les points qui n'ont pas été traités par les auteurs de manuels dans leurs préfaces. Il faut dire d'ailleurs que les opinions émises diffèrent sensiblement : si, à la première question posée : « Quelle est la méthode d'enseignement des langues vivantes ? » la réponse est presque toujours : « La méthode directe, qui, depuis une dizaine d'années, a remplacé chez nous la méthode par traduction », à la seconde question concernant le but et les procédés, les réponses sont souvent divergentes.

Monsieur A (ces initiales représentent toujours plusieurs personnes compétentes) dit : Notre but, d'abord utilitaire, est d'apprendre à nos élèves, plus à pouvoir lire qu'à pouvoir parler ; la plupart d'entre eux n'iront pas à l'étranger ou ne seront pas en contact direct avec des étrangers, mais la plupart seront obligés de lire une lettre, un journal, une revue. Toutefois nous devons faire tout notre possible pour les amener à comprendre les termes les plus usuels de la conversation, à poser eux-mêmes quelques questions indispensables. En même temps, nous ne négligeons pas de leur apprendre à écrire, surtout à écrire correctement, en leur donnant une solide instruction grammaticale. Notre intention en un mot n'est pas de donner à nos élèves une véritable possession de la langue étrangère, ce que nous considérons comme un rêve irréalisable, mais plus modestement de leur permettre, si leur situation l'exige, après un court séjour à l'étranger — ou pour le flamand après une fréquentation plus ou moins longue de compatriotes parlant cette langue — d'arriver assez rapidement à posséder effectivement la langue étrangère.

Monsieur B pense au contraire que la question essentielle est d'apprendre à parler, même avec de nombreuses fautes grammaticales, mais de façon à pouvoir se faire comprendre et à être compris le plus rapidement possible.

Monsieur C (ce sont les moins nombreux) regrette que l'on ait trop recherché le but utilitaire, au détriment de la culture générale.

Monsieur D (la généralité) estime qu'il ne faut pas essayer de distinguer trois stades (parler, écrire, lire — ou lire, parler, écrire — ou écrire, lire, parler), mais qn'il faut mener les trois choses de front, ne négliger aucune d'elles, à aucune période, au détriment des deux autres.

La méthode — donc officiellement directe — a des partisans enthousiastes : ceux que j'ai rencontrés sont très rares (j'entends : la méthode directe exclusive) et ne se trouvent guère que dans les sphères officielles.

Monsieur C en conteste le principe ; il est d'avis qu'il est faux de vouloir assimiler une méthode d'enscignement à la méthode maternelle. Quel que soit le nombre d'heures attribuées à l'étude d'une langue, le professeur ne pourra jamais disposer du même temps que la mère. De plus, l'élève n'est plus comme le petit enfant : celui-ci est tout à fait ignorant, ne fait qu'enregistrer et reproduire des sons, celui-là au contraire ne se contente pas de cette passivité, mais réfléchit, compare avec ce qu'il connaît déjà, c'est-à-dire ici avec sa langue maternelle. Or, toute méthode d'enseignement doit profiter des connaissances antérieures, doit être rationnelle, c'est-à-dire artificielle et non pas naturelle ; c'est le seul moyen pour elle d'arriver à un résultat. Si les élèves devaient passer avec leurs professeurs de langues autant d'heures qu'ils en ont passées avec leurs mères pour apprendre la langue maternelle, ou qu'ils en ont passées avec leurs gouvernantes pour connaître un peu d'allemand ou d'anglais, il leur resterait bien peu de temps pour étudier les autres matières d'enseignement !

Monsieur D. juge que la méthode directe ne permet que de connaître la langue des commis-voyageurs ; elle ne permettra jamais de traduire ou d'écrire. S'il la croit bonne pour les débuts, sans qu'elle soit exclusive, il pense qu'il faut y renoncer rapidement.

Monsieur E. est plus catégorique encore ; son premier principe pédagogique est : « Toute chose enseignée devra d'abord être comprise ». Or, désireux de se rendre compte par lui-même, il a assisté à plusieurs conférences-types faites à l'école Berlitz et a constaté que très souvent plusieurs auditeurs ou n'avaient pas compris ou avaient compris toute autre chose que ce qui avait été expliqué. Aussi sa conclusion est-elle très nette : La méthode directe est impossible et mauvaise. (Et les procédés qu'il emploie semblent en opposition complète avec la méthode directe).

Car si les appréciations sur le but et la méthode sont très diverses, les procédés employés ne le sont pas moins.

Monsieur F. tient à honneur de ne recourir qu'aux procédés dits directs : désignation d'objets (collection de papiers coloriés, poupées, jouets), tableaux, gestes mouvements, calculs, chants, exercices en chœur, lectures expliquées, copies, dictées, définitions, questions, permutations, substitutions, transpositions, définitions, synonymies, dérivations, compositions, rédactions, dissertations.

Mais combien d'autres usent en même temps des procédés indirects : emploi de la langue maternelle pour les explications de mots et les explications grammaticales, traductions orales, versions, rétroversions, thèmes grammaticaux et d'imitation ; l'analyse des principaux manuels le prouve irréfutablement. (Fiedler, Scharff, Hegener, Burvenich).

De plus, certains maîtres emploient des procédés qui semblent s'écarter — pour ne pas dire plus — de la méthode directe.

Monsieur G... demande à ses élèves d'avoir un cahier spécial pour les explications : il donne d'abord une liste de mots avec la traduction, puis le texte du passage expliqué en langue étrangère, enfin la traduction française accompagnée de remarques grammaticales et d'une liste de verbes irréguliers.

Monsieur H. commence son cours par un mois de calligraphie allemande (4 heures par semaine) sur cahier rayé à cet usage ; après un mois, il n'y a plus que deux heures de calligraphie, et une heure d'explication d'un tableau, et une heure de conversation ; après Pâques, une nouvelle heure d'explication remplace une heure de calligraphie. A partir de la deuxième année, la calligraphie est remplacée par la grammaire

Je n'étonnerai personne en disant que Monsieur H n'est pas partisan de la méthode directe ; il reconnaît d'ailleurs que beaucoup de ses collègues ne l'imitent pas et que d'autre part les inspecteurs de langues vivantes préconisent de plus en plus la méthode directe.

Il ajoute aussi — et ici plus particulièrement je devrais dire « eux » car c'est une opinion qui m'a été souvent répétée — que si les inspecteurs recommandent d'une façon si pressante la méthode directe, ce n'est nullement — et je tiens à redire une fois de plus que je ne fais que reproduire très fidèlement les déclarations de personnes compétentes — pour des raisons pédagogiques, mais pour des raisons politiques. Les inspecteurs seraient entièrement dévoués à la cause flamande et désireraient tout simplement restreindre par tous les moyens la propagation de la langue française. Un des maîtres les plus autorisés me déclarait à ce sujet : « Si, pour enseigner l'Allemand, je me sers du français, on me le reproche ; mais si je me sers du flamand, on trouve que c'est très bien. »

✸   ✸   ✸

Si maintenant il me faut cependant tirer une conclusion de cette enquête, je suis obligé de reconnaître — contrairement à mes prévisions, et au fond, contrairement à mes secrets désirs, que la méthode employée dans les établissements secondaires de Belgique pour l'enseignement des langues étrangères (flamand, allemand, anglais) n'est que peu conforme aux principes de la méthode directe.

Les instructions officielles préconisent bien cette méthode, mais avec de nombreuses atténuations et laissent au programme de toutes les classes et aux examens les thèmes et les versions ; aussi l'exposé de la méthode dans la brochure sur « L'organisation de l'enseignement des langues germaniques dans les athénées royaux » se termine par ces mots : En résumé, la méthode adoptée en Belgique pour l'enseignement des langues étrangères combine les deux méthodes connues en Allemague sous les noms de *Anschauungsmethode* et *Lesebuchmethode* » (page 18).

Les livres publiés par les professeurs belges parais-ent plutôt faire sans enthousiasme des concessions à la méthode officielle, et cela pour des raisons autres que des raisons pédagogiques.

Quant au corps enseignant, il semble que s'il reconnaît à la méthode directe de précieuses qualités et s'il lui emprunte de nombreux procédés, il ne la considère pas cependant comme la méthode parfaite, il lui fait même de graves reproches et il paraît lui préférer ce que j'ai entendu souvent appeler une *méthode semi-directe*.

En somme, il est permis d'affirmer qu'il n'y a pas en Belgique de méthode unique pour l'enseignement des langues vivantes, que la généralité des professeurs réclame la liberté de prendre à chaque méthode ce qu'elle leur parait avoir de meilleur, de mieux approprié à leur tempérament et à leur classe, qu'enfin l'opinion la plus répandue semble être celle qu'a exprimée M. Paul Scharff dans la préface de son livre : « La méthode ne saurait être identique pour tous, mais est soumise aux contingences de l'âge, du milieu, de la nationalité. »

Si l'on admet que nos voisins et amis belges, en raison de leur bilinguisme national, doivent avoir une compétence particulière en pareille matière, on peut se demander quel enseignement, nous autres Français, nous pouvons et devons tirer de leur exemple : c'est un soin que je laisse à d'autres plus autorisés que moi, désireux que je suis d'apporter simplement quelque indication utile à la solution d'un problème si important pour l'enseignement des langues vivantes en France.

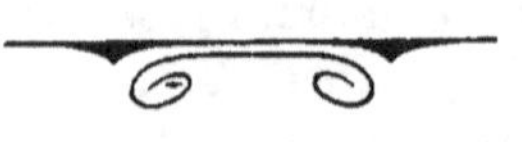